AF245348

L'EUROPE

AU XXme SIÈCLE

(AVEC CARTE COLORIÉE)

PAR

HENRI DRON

PUBLIÉ PAR L'AUTEUR

15, rue des Lavandières-Sainte-Opportune

PARIS.—1863

L'EUROPE AU XXᵉ SIÈCLE.

(AVEC CARTE.)

Mon cher Jean,

Si tu le veux bien, je vais te raconter un rêve qui m'a paru extraordinaire. Si tu ne le trouves point raisonnable, n'oublie pas qu'un rêve n'est nullement tenu de l'être.

J'étais dans cet état si souvent décrit où l'on ne dort ni ne veille, et où cependant on rêve. Je me voyais à la fin du siècle prochain; je traversais tous les États de l'Europe les uns après les autres; je voyais les progrès qu'ils avaient accompli depuis notre époque, et même ceux qu'ils accompliraient bientôt encore.

Notre continent était divisé en dix grands États qui me sont parfaitement restés dans la mémoire, puisque j'ai pu faire, de souvenir, cette petite carte que tu vois.

Tous les chefs de ces États portaient le titre d'Empereur.

La population avait augmenté prodigieusement; et, cependant, elle ne paraissait nullement menacée de famine. Tout au contraire, elle était dans une plus grande abondance de toutes choses qu'aujourd'hui. Mais aussi, il est vrai de dire que la terre était merveilleusement cultivée.

L'industrie était encore plus active que de nos jours, et le commerce plus développé et plus libre. Je cherchai vainement des douaniers en passant les frontières. Il paraît qu'il n'y en avait plus nulle part.

Je me trouvai d'abord transporté en Espagne, où, comme chacun sait, il se fait beaucoup de châteaux. Ce magnifique pays, qui ne compte aujourd'hui, avec le Portugal, que 20,000,000 d'âmes à peine, en avait alors près de 50 et les produits agricoles de la Péninsule suffisaient amplement aux besoins des habitants.

Le Portugal, si jaloux de nos jours de sa nationalité, s'était réuni à l'Espagne à l'occasion du mariage d'un de ses rois ave une infante héritière de la couronne de ce pays.

L'unité de la péninsule ibérique s'était faite ainsi tout naturellement. Les deux souverains se mariant ensemble, les deux peuples voulurent en faire autant de leur côté, et tout le monde y gagna.

Mais il y eut de longs pourparlers entre ces deux gouvernements au sujet de la capitale. Les deux peuples engagèrent aussi, de leur côté, une vive polémique dans les journaux.

Personne ne voulait céder. Les Espagnols disaient que Madrid devait avoir la priorité sur Lisbonne à cause de sa position centrale. Les Portugais prétendaient, avec quelque raison, que, Lisbonne ayant un beau port à l'entrée d'un grand fleuve, cette ville devait l'emporter sur sa rivale, qui manquait souvent d'eau en été.

Les choses en restèrent là pendant assez longtemps. Enfin, pour couper court, il fut convenu, d'un commun accord, que le siége du gouvernement des deux pays réunis serait transféré à Tolède. Cette sage décision satisfit à la fois Espagnols et Portugais.

Tolède, située sur le Tage comme Lisbonne, se trouvait ainsi un peu plus rapprochée du Portugal, qui fut satisfait par cette concession.

La ville tout entière fut achetée par le nouveau gouvernement ; ses vieilles maisons furent démolies et reconstruites à la moderne. Elles étaient d'une beauté merveilleuse, presque toutes bâties en carrés réguliers, au milieu desquels était une grande cour avec un tout petit jardin et un joli jet d'eau qui répandait la fraîcheur en été dans toutes les habitations.

Les anciens édifices avaient été conservés. Tous étaient isolés au milieu de belles places ou entourés de jardins qui me rappelaient un peu ceux de la tour Saint-Jacques et du musée de Cluny à Paris. Toute la ville comptait au moins une cinquantaine de jardins en ce genre et deux ou trois plus grands. Des arbres de toutes les contrées de la terre en faisaient l'ornement. Des orangers, des fleurs rares et odoriférantes embaumaient l'air et la rendaient aussi saine que la campagne. Aussi la population me parut-elle robuste et gaie.

Le soir, dans ces jardins, les jeunes gens, garçons

et filles, chantaient en chœur, pendant que d'autres se retiraient un peu à l'écart avec leur guitare, dont la tradition ne s'était pas perdue.

Les jours de fêtes, la moitié des habitants quittait la ville pour aller se promener dans les beaux bois environnants. Alors le fleuve se couvrait de barques et de bateaux à vapeur pavoisés, et le soir garnis de feux aux couleurs les plus variées, qui produisaient un effet vraiment féerique.

Un boulevard, large comme le cours de Vincennes, à Paris, traversait la ville en ligne directe et aboutissait à deux vastes jardins. Un chemin de fer était établi au milieu de ce boulevard, à trois ou quatre mètres seulement en contre-bas de la chaussée, de sorte que les voyageurs de l'intérieur, se tenant debout, voyaient tout ce qui se passait sur la voie publique, pendant que ceux de l'impériale dominaient tout. Je voyais une longue suite de convois aller et venir, et transportant des voyageurs par milliers ; que dis-je par milliers ? c'est par centaines de milliers que je veux dire. Ce spectacle, dont les chemins de fer de nos jours ne peuvent donner qu'une idée imparfaite, produisit un effet saisissant sur moi.

C'est avec regret que je m'éloignai de ce lieu enchanté et de ce beau ciel ; mais j'étais poussé par une force irrésistible, qui me ramena à Paris, que je revis avec plaisir après plus d'un siècle d'absence.

DE PARIS ET DE LA FRANCE.

Ta bonne ville, mon cher Jean, quoique déjà belle aujourd'hui, était alors bien autrement tournée. Tu n'ignores pas qu'il est question depuis bientôt un siècle de creuser un canal de Paris jusqu'à la mer.

Eh bien! ce canal existera dans cent ans, et peut-être avant, car je l'ai vu, sans savoir au juste depuis combien de temps il était construit.

D'abord on avait fait deux ou trois écluses à Ivry et à Charenton, sur la Seine et sur la Marne. Le fleuve fut alors baissé de toute cette hauteur dans sa traversée à Paris. Par conséquent, il fallut abattre tous les ponts et les reconstruire à nouveau. Ceci avait bien *contrarié un peu*, mais le parti en fut encore bientôt pris. D'autant plus que c'était le meilleur moyen, malgré ses difficultés, d'arriver au but qu'on se proposait, et de réaliser enfin ce rêve magique des Parisiens :

PARIS PORT DE MER.

Un canal, auquel on ne croirait pas de nos jours, avait été creusé de Charenton jusqu'à Saint-Ouen, où se trouvait le port de Paris. Ce canal, comme tu le penses bien, avait nécessité quelques travaux, car ce n'était pas peu de chose que de traverser ainsi le bois de Vincennes, les hauteurs de Bagnolet et de Romainville.

Mais l'exécution de ce plan eut un grand avantage.

Outre qu'il donna abondamment de l'eau au bois de Vincennes, il servit à marquer admirablement l'enceinte de Paris de ce côté; car il n'avait point été creusé en tunnel, comme on pourrait le croire, mais bien à ciel ouvert, dans toute sa longueur.

Des avenues serpentant depuis le haut des collines arrivaient insensiblement jusqu'au bord de l'eau, d'ailleurs profondément encaissée. Puis de larges quais plantés d'arbres d'une grosseur déjà énorme et d'une hauteur prodigieuse atteignaient presque le sommet des collines voisines. Celles-ci étaient rejointes par des ponts que je n'essayerai pas de te décrire, tant je craindrais de rester au-dessous de la réalité.

Enfin on arrivait à Pantin et on passait sous le canal de l'Ourcq.

Dans la plaine d'Aubervilliers, d'autres écluses avaient été faites pour passer sous le canal Saint-Denis, comme on avait passé sous celui de l'Ourcq, et atteindré le niveau du port.

Sur la rive gauche de Paris, un autre dérivé de la Seine avait été fait de la même manière et produisait encore, s'il est possible, un effet plus grandiose. Il avait été creusé à ciel ouvert comme le premier, depuis Ivry jusqu'au bas |Meudon, tout en face de Saint-Cloud, où d'autres écluses existaient. Au-dessous se trouvait le niveau du port, et par conséquent du canal maritime. De la sorte il n'avait pas été besoin d'une seule écluse pour arriver jusqu'à Rouen; et on avait pu faire une foule de coupures à la Seine sans augmenter sensiblement la rapidité de sa course.

Dans notre xixe siècle, une œuvre pareille paraîtrait gigantesque, mais au xxe cela n'était qu'une chose ordinaire; et si je m'en étonnai dans mon rêve, c'est probalement que je me souvenais trop de ce temps-ci.

On avait profité de ces grands travaux de canalisation pour établir un chemin de fer dans l'intérieur de Paris, sur la rive droite de la Seine, en contre-bas des quais, sur l'emplacement des berges actuelles. La voie n'était pas beaucoup au-dessus de l'eau; mais comme les deux autres canaux étaient là pour recevoir les grandes eaux, l'inondation de la voie n'était pas à craindre. Celle-ci se reliait à Charenton et à Billancourt avec un chemin de ceinture. Il en existait encore beaucoup d'autres que je te donnerai sur le plan de Paris au xxe siècle que je prépare; car j'ai parfaitement gardé le souvenir de ce que j'ai vu.

D'abord on avait repris le projet de Mazarin, et l'île Saint-Louis était réunie à la Cité.

La pointe orientale, occupée aujourd'hui par l'hôtel Lambert, avait été coupée, et le déblai enlevé servit à combler le bras qui sépare maintenant les deux îles.

On avait donné au haut de l'île la forme exacte d'un vaisseau, regardant le soleil levant, et paraissant vouloir remonter la Seine.

Un magnifique palais gothique, vu de Charenton, semblait être les batteries du corps de ce vaisseau, dont les flèches élancées à perte de vue auraient été la mâture.

Tu as sans doute vu bien des tableaux féeriques,

bien des descriptions de villes orientales, le Bosphore à Constantinople, etc., etc. Eh bien, je suis certain que tu n'as rien vu de comparable à ce palais par un beau soleil couchant, quand on l'apercevait de Charenton. Puis, derrière lui, la flèche de la Sainte-Chapelle, le tribunal de commerce, les tours Notre-Dame et tous les autres monuments de la Cité. Tout cela formait un tableau indescriptible et qu'on ne se lassait pas d'admirer. Rien d'aussi merveilleux, créé par la main de l'homme, ne s'était présenté à mon esprit. Un palais moins splendide que celui-ci existait sur l'emplacement circonscrit entre le palais de justice, la rue de la Cité, le quai du Marché-Neuf et la rue de Constantine. Ce palais, d'une architecture très-remarquable, était divisé en deux parties attenantes. Dans celle qui faisait face au tribunal de commerce, on avait trouvé logique d'y installer le ministère du commerce et de l'industrie (ces deux choses étant inséparables l'une de l'autre, bien que la dernière et la plus importante ne soit pas même nommée de nos jours).

La face opposée à celle-ci et regardant la rive gauche de la Seine était occupée par le ministère de la justice et de la sûreté publique, ces deux choses étant encore inséparables.

Comme on voulait absolument qu'il y eût une caserne dans la Cité, on avait réservé une petite partie de ce vaste édifice, sur la rue de ce nom, destinée à loger douze ou quinze cents hommes.

En face de ce ministère, de l'autre côté de la Seine,

entre l'église Saint-Séverin et le quai Saint-Michel, il en existait un autre; c'était celui de l'instruction publique et des cultes, le plus important de tous.

Ce ministère était là merveilleusement placé, entouré qu'il était des principaux établissements d'instruction publique.

Le vilain et mesquin bâtiment ajouté au palais de justice sous le règne de Louis Philippe avait été démoli et reconstruit sur un plan bien autrement grandiose. Il bordait le quai des Orfévres et rejoignait le palais qui va bientôt faire face au pont Neuf.

Cette démolition permit de mettre la Sainte-Chapelle à découvert. Elle se trouvait ainsi au milieu de la cour du palais de justice, car les nouvelles constructions étaient parallèles aux anciennes, un peu dans le même style, mais modifié avantageusement.

Entre les rues de Constantine et le quai, à côté du tribunal de commerce, un autre palais du même genre que celui-ci était édifié, pour l'état-major des pompiers et quelques compagnies de ce corps si utile. Il était là tout à fait au centre, prêt à porter secours en peu de temps partout où un sinistre se déclarait; mais il faut dire qu'ils étaient bien moins fréquents que de nos jours, Paris étant alors entièrement bâti en pierre et en fer.

L'Hôtel-Dieu était démoli depuis longtemps et reconstruit à côté de Notre-Dame.

Il restait libre un vaste espace compris entre les deux rives de la Cité. On décida de le laisser tel, afin que la foule pût circuler plus librement les jours de cérémonies.

Au sud de cette place, une belle voie mettait le Panthéon entièrement à découvert. Au nord, une autre faisait face à celle-ci. Puis, vers la rue de Rambuteau, existait un arc de triomphe, comparable à celui de l'Étoile, et surmonté de la statue colossale d'un des plus grands souverains de la France.

On avait pensé un moment à raser la butte Montmartre ! Oui, mon ami, il avait été question de cela, et très-sérieusement encore. En effet, à cette époque de travaux gigantesques, ce n'était là qu'un jeu d'enfant, puisqu'il n'y avait rien que la science ne pût surmonter. Ce n'était après tout que quelques centaines de mille mètres de terre à enlever, et on avait réalisé des merveilles bien autrement difficiles que celle-là.

Mais enfin on y renonça, fort heureusement. On fit cette réflexion que la butte garantissait un peu Paris, en hiver, des vents froids du nord. Tout aussitôt on changea de plan. On résolut de la conserver et de l'embellir par tous les travaux d'art imaginables.

Le boulevard Magenta avait été continué en ligne droite jusqu'aux bassins de Saint-Ouen et passait juste au pied. D'autres voies venant de tous les points la frisaient de tous côtés.

Des escaliers tout droits, conduisant jusqu'au sommet, étaient garnis de statues d'hommes célèbres. Un chemin coupait ces escaliers à peu près dans le genre de celui qui est devant l'église Saint-Vincent-de-Paul. De sorte qu'on pouvait arriver jusqu'au haut, à pied, par l'escalier, à cheval ou en voiture par la route.

Il y avait bien, autour de la butte, une vingtaine d'escaliers en ce genre. Tous aboutissaient au sommet à une vaste place au milieu de laquelle était construit un énorme piédestal surmonté d'une statue immense, ayant quatre faces. Celle qui regardait le sud avait à ses pieds des presses, des livres, des instruments de mathématiques et toutes sortes d'autres attributs. Elle avait les mains pleines de couronnes qu'elle présentait à Paris, auquel elle semblait dire :

TRAVAIL, VOICI TA RÉCOMPENSE.

Celle qui regardait l'est avait les yeux fixés devant elle, les bras entr'ouverts comme pour serrer quelqu'un qui nous serait cher.

La troisième, au nord, avait une main appuyée sur la garde d'une épée et tenait de l'autre un flambeau incliné vers le pôle.

La quatrième, tournée vers l'ouest, semblait offrir une main avec beaucoup de dignité. L'autre était appuyée sur un vaisseau.

Au-dessus de cette quadruple statue, un soleil resplendissant paraissait descendre du ciel pour se reposer sur leurs têtes et briller de plus près sur Paris.

Enfin je me dirigeai vers la frontière.

Notre France était enfin dans ses limites naturelles, et je puis t'assurer qu'elle ne les avait pas acquises par la guerre.

Nos frères de Belgique, nous voyant si bien gouvernés, avaient demandé a être annexés et la France avait accueilli avec transport cette offre, déjà faite autrefois et si impolitiquement refusée.

Un roi sage de ce petit pays, qui en comptait déjà plus d'un parmi ses ancêtres, ne s'opposa point à ce vœu de son peuple, et il reçut une autre couronne qui ne lui fit pas regretter celle de Belgique.

Nos bons amis les Suisses voulurent imiter cet exemple, et quinze jours de fêtes permirent au gouvernement de recevoir à Paris ce peuple tout entier qui voulut se voir réuni dans sa grande capitale.

DE L'ALLEMAGNE ET DE SES FRONTIÈRES.

Tu n'ignores pas que la Prusse et la Silésie étaient autrefois polonaises, et que cette langue est encore beaucoup parlée dans ces deux provinces. Pendant longtemps l'Oder servit de limite aux deux peuples.

Les Allemands, sans cesse refoulés par leurs voisins de l'Est, se rejetèrent à leur tour de l'autre côté du Rhin et dominèrent complétement sur ces bords les habitants de la vieille Gaule, qui s'éloignèrent des nouveaux venus. C'est là, en résumé, l'histoire ancienne des pays que nous nommons aujourd'hui France, Allemagne, Pologne. On pourrait encore y ajouter la Moscovie, mais cela nous mènerait un peu loin. Il suffit de voir que le flot envahissant est toujours venu de ce côté ; et, s'il tend à s'arrêter, malgré la Russie actuelle, c'est à la France de 89 qu'on en est redevable.

Après l'indépendance de la Pologne, il y avait eu quel-

ques difficultés au sujet des limites qui devaient la sé-
parer de l'Allemagne. Les Polonais voulaient naturellement que le duché de Posen fît retour à leur patrie.
Ils prétendaient même que la Pologne ayant été autrefois jusqu'à l'Oder, c'était ce fleuve lui-même qui
devait servir de frontière. Les Allemands taxèrent cette
prétention de ridicule. Et, par une autre exagération,
ils prétendaient, de leur côté, s'étendre jusqu'à la Vistule. On comprend qu'avec des prétentions aussi dia-
métralement opposées il était difficile de s'entendre.

Enfin il fut convenu de trancher le différend par
moitié, puisqu'aucune des deux parties n'était bien
sûre elle-même de son droit, et qu'il y avait des Polonais et des Allemands entre ces deux fleuves.

Tu as vu les travaux entrepris à Paris pour la canalisation de la Seine : eh bien, ils n'étaient rien en com-
paraison de ce qui fut fait pour créer une limite NATU-
RELLE entre les deux empires de Pologne et d'Allemagne. Les ressources des deux pays y furent employées
pendant longtemps, mais on trouva que ces sacrifices
n'étaient pas trop grands puisqu'il s'agissait du repos à
venir de deux grands peuples.

Il fut creusé non pas un canal, mais un FLEUVE, un
véritable fleuve artificiel, en ligne directe, depuis la
Vistule à son point de jonction avec la Sola jusqu'à la
mer. Cette dernière rivière, descendant tout droit des
Karpathes, fut prise pour limite, et continuée à vol d'oi-
seau jusqu'au milieu du golfe de Dantzig, brisant tous
les obstacles sur son passage, coupant toutes les collines et passant à découvert, recevant toutes les rivières

à droite et à gauche, absorbant la Wartha, aussi bien que les autres ; puis elle arrivait à la basse Vistule, qu'elle conduisait jusqu'à la mer. Là, un port immense ou plutôt une baie avait été creusée et pouvait contenir plus de trois mille vaisseaux.

Deux villes, comparables au Havre, s'élevaient de chaque côté de l'embouchure du fleuve.

Sur toute la longueur de ce fleuve unique, il y avait, de distance en distance, de magnifiques ponts. Au-dessous de ces ponts, les vaisseaux passaient avec toutes leurs voiles comme s'ils avaient été en pleine mer. Rien de pareil n'existait encore dans le monde. L'homme avait fait là, aussi bien qu'à Paris, l'essai de sa force, et cet essai avait admirablement réussi.

Cette limite satisfit complétement l'Allemagne, et c'est alors qu'elle céda tout à fait volontairement à la France les provinces de la rive gauche du Rhin.

Mais il ne faut pas croire que toutes ces choses furent faites sans le consentement exprès des peuples ; voici comme on procéda : d'abord il y eut un plébiscite, et les adhérents, Rhénans et Posnaniens, devinrent aussitôt Français et Allemands. Pour ceux, en très-petit nombre, qui préférèrent garder leur ancienne nationalité, ils eurent toutes sortes de facilités pour réaliser leur avoir et s'en retourner dans la patrie de leur choix. Mais, je le répète, ces derniers, même pour les Posnaniens, furent en nombre insignifiant.

Du côté du Danemark, la limite avait été fixée à l'Eyder mais redressé et formant un immense canal maritime comme celui de Suez.

Les habitants du Holstein et du Lauenbourg furent enchantés de faire retour à l'Allemagne. Quant aux Allemands du Schleswig, ils furent priés de se tenir en repos ou de passer de l'autre côté de l'Eyder, et le plus grand nombre se le tint pour dit.

Sur le bas Rhin on était assez embarrassé. On avait songé à créer une nouvelle embouchure depuis Arnheim jusqu'au Zuyderzée et y fixer la limite. Mais comme ceci eût coupé la Hollande en deux, on se décida à prendre le bras principal. De la sorte, le peuple hollandais se trouva presque tout entier réuni à l'Allemagne.

Il eut le Zuyderzée libre pour sa navigation ou pour le dessécher, comme il en était question depuis fort longtemps. On pouvait, d'ailleurs, s'attendre à toutes les merveilles de la part de ce petit peuple.

Il restait à s'entendre avec l'Autriche et la chose fut bientôt terminée.

Celle-ci fit l'abandon volontaire de toutes ses provinces en deçà des Alpes, du petit Karpathe et des monts Jablunka, en laissant Vienne en dehors et un petit terroir environnant.

La grande patrie allemande se trouva donc entièrement constituée.

Si l'Autriche avait cédé volontairement l'archiduché et ses autres provinces de ce côté, c'est qu'elle avait un avantage immense à le faire ; sans quoi on pense bien qu'elle n'y eût jamais consenti. Elle abandonnait une population de huit ou neuf millions d'âmes, allemandes pour la plupart, et l'Allemagne pouvait enfin fonder une véritable unité, même en gardant sa confédération de petits princes.

Avec ce contingent de neuf millions il fut facile de fonder un empire d'Allemagne. Et, en effet, la couronne fut mise à l'élection, mais j'ignore sur qui elle tomba, si ce fut sur le roi de Prusse, sur celui de Saxe, de Bavière ou sur tout autre ; tout ce que je sais, c'est que Dresde devint la capitale IMPÉRIALE, et que la constitution qui fut faite alors tendait de plus en plus à fondre ensemble toutes les fractions princières, et qu'une véritable unité devait en résulter sans qu'aucun prince fût dépossédé.

Dresde, capitale d'une nation de plus de 50,000,000 d'âmes, avait pris un développement considérable.

On prévoyait que sa population atteindrait bien certainement 1,500,000 habitants.

Quant aux Tchèques de la Bohême et de la Moravie, il leur fut tenu le même langage qu'aux Allemands du Schleswig, c'est-à-dire qu'ils furent priés de se soumettre aux lois de l'Allemagne ou d'aller chercher une patrie ou ils voudraient. Quelques FANATIQUES DE RACE passèrent en Pologne ; quelques-uns allèrent s'établir dans l'empire grec, mais ces émigrations ne furent pas évaluées à plus de 30 ou 40,000 individus. Tout le reste de l'Allemagne vécut dans la plus profonde paix, non-seulement chez elle, mais avec tous ses voisins.

DE L'EMPIRE D'ITALIE.

L'unité itàlienne, déjà si avancée de nos jours, était tout à fait complète alors ; et le roi, ou plutôt l'empereur qui régnait en ce temps-là, trônait au Vatican depuis bien des années.

Le siége pontifical avait été transféré à Jérusalem en même temps que l'empereur d'Italie était entré à Rome.

On avait enfin trouvé, après bien des discussions, que le chef de la religion du Christ devait naturellement habiter où était né, où avait vécu et où était mort le Christ. C'était là, en effet, sa véritable place, et non dans la ville de Romulus et des Césars.

Le premier *évêque*, disait-on, doit être loin du bruit d'une grande ville. A Jérusalem il se trouvera près de la métropole musulmane, et ce voisinage et la rivalité qui en résultera ne pourront que profiter aux principes du DIVIN JÉSUS. Au xxme siècle on pouvait donc déjà prévoir, sans être un grand prophète, que l'Islamisme ne devait pas avoir une longue vie dans son propre berceau.

Telle était la situation de l'Italie et de la papauté avant l'époque finale de mon rêve.

Toutes les raisons qu'on fit valoir pour en arriver là seraient trop longues à rapporter. On pourrait cependant les résumer en ceci : que Pierre avait eu raison de venir à Rome (s'il y était réellement venu), lorsqu'il s'agissait de conquérir le monde à l'idée nouvelle, mais que la mission de ses successeurs étant remplie, ils devaient s'en retourner là-bas où il y avait eu bien du changement depuis le départ du premier apôtre. Tout le monde comprit ce langage, et le pape lui-même, trouvant qu'il était juste, finit par s'y rendre, au grand avantage de l'Italie d'abord, et de toute la chrétienté ensuite.

C'est alors que Rome prit un accroissement prodigieux. Sa population devait bientôt atteindre *deux millions d'habitants* (on prétend qu'elle en eut sept du temps des Césars, mais il est permis d'en douter). Enfin, je vis que tout allait aussi bien dans ce pays que dans ceux que j'avais déjà vus.

La population entière de l'Italie pouvait s'élever à 35,000,000 d'âmes, qui jouissaient d'une paix profonde, au spirituel comme au temporel. De brigandage, on n'en avait pas même gardé le souvenir.

La population artistique de Rome, sans être aussi considérable que celle de la CAPITALE INTELLECTUELLE, je veux dire de Paris, était cependant très-nombreuse. Ses monuments anciens attiraient toujours les étrangers et les artistes ; et quelques nouveaux ne les gâtaient nullement, car il y avait toujours de grands architectes dans la patrie de Michel-Ange.

Quant au territoire manquant de nos jours à cette grande et utile unité, il ne lui en était pas venu une parcelle par la force.

L'Angleterre lui avait cédé Malte en lui faisant payer les fortifications qu'elle y avait élevées, et l'Italie accepta cette condition sans difficulté.

La France, aussi, avait fait l'abandon volontaire de la Corse, mais sans aucune espèce de rémunération. Notre pays voulut se montrer grand, comme toujours, dans le remaniement général de l'Europe, qui s'était fait, comme tu le penses bien, du consentement de toutes les nations (moins la Russie).

Comme autrefois l'Italie avait consenti à céder à la France le berceau de la dynastie italienne, la France voulut profiter de l'occasion qui lui était offerte et lui donna LE NID DE L'AIGLE, pour LA CROIX DE SAVOIE qu'elle avait reçu.

Il va sans dire que le peuple de la Corse fut consulté ; il nous quitta avec regret, mais il comprit qu'il fallait sacrifier quelque chose au bonheur général et il n'y eut que peu d'opposants, qui d'ailleurs eurent la faculté de rester Français.

Quant au Tessin, il avait fait retour à sa vraie patrie lorsque le reste de la Suisse s'était réuni à la France.

Le Tyrol, la Vénétie et l'Istrie avaient été cédés par l'Autriche sans plus d'indemnité que la France n'en avait reçu pour la Corse.

Tu viens de voir, mon cher Jean, tout le monde se dépouiller généreusement pour compléter la famille italienne et tu penses, sans aucun doute, que mon imagination m'aura trompé dans cette conjoncture ! Eh bien, je t'assure que non. Pourquoi en aurait-il été autrement, puisque ceux qui donnaient avaient plus d'avantages encore que ceux qui recevaient ?

Cependant, il y eut une difficulté à laquelle on ne s'était pas attendu :

La puissante république de Saint-Marin ne voulut jamais consentir à la réunion, quelque prière qu'on lui adressât. *Toute l'Europe se coalisa contre elle*, mais elle tint bon. Ce n'est qu'après la menace qui lui fut faite de l'enfermer par une muraille de trente mètres de hauteur, pour ne lui laisser de communications qu'avec le ciel, qu'elle finit par se rendre, mais non sans protester contre la violence *des forts.*

Par ce complément *indispensable* l'unité italienne devint une vérité. Nous verrons plus tard comment l'Autriche fut dédommagée de tout ce qu'elle avait quitté en Allemagne et en Italie, et ce qu'elle doit encore laisser ailleurs.

Toutes les villes italiennes, si florissantes au moyen âge, avaient une animation inconnue de nos jours. Il en existait une sur le Pô (*qui avait repris son beau nom d'Éridan*), que je crus nouvelle, sans pouvoir affirmer que cè n'était pas un village du temps présent. Quoi qu'il en soit, cette ville avait une population qui dépassait celle de Milan et de Turin. Quant à Gênes et à Venise, elles formaient avec Tarente un admirable triangle maritime sans égal sur la terre. Et, au milieu de cela, Naples et Florence. Puis encore plus au centre : Rome, la grande et presque nouvelle ville de Rome qui n'avait, selon moi, rien à envier à l'ancienne ; car si l'autre avait grandi par la guerre, celle-ci prospérait par la paix, et sa gloire, pour être moins brillante, n'en était que plus solide.

Quant à la marine italienne, elle était une des premières de l'Europe et rivalisait grandement avec celle de l'Espagne, si même elle ne la surpassait. Mais la France se trouvait là entre elles, plus forte que chacune, et pouvait toujours, par la supériorité nécessaire à sa *double* position géographique, sur la Méditerranée et l'Océan, les mettre d'accord si un différend venait à s'élever entre elles. Notre pays remplissait le bean rôle de MÉDIATEUR là aussi bien que sur l'Océan et dans le reste du monde.

Mais une autre marine s'était encore élevée dans la Méditerranée, à côté de celle d'Espagne, d'Italie et de nous-mêmes. C'est celle de l'empire grec.

DE L'AUTRICHE ET DE L'EMPIRE GREC.

L'Autriche s'aperçut enfin que la Russie était un véritable danger pour elle, et son consentement au partage de la Pologne un acte de servitude plutôt qu'un acte politique. Elle eût bien voulu être à recommencer, mais il était un peu tard.

Son embarras fut grand quand toute la Pologne se souleva pour revendiquer son indépendance. Elle eût été bien aise de la voir libre, et pourtant elle réfléchissait que cette liberté devait sûrement lui coûter, tôt ou tard, une province qui renferme à peu près six millions d'habitants. Il faut convenir qu'elle n'était pas alors sur un lit de roses. Comment faire? Elle balançait donc constamment entre son désir et sa crainte. Ne sachant à qui se vouer, ne voyant que danger partout, c'est alors qu'elle eut l'idée de se tourner du côté de l'Allemagne. Cette conduite ne manquait pas d'une certaine habileté, mais l'Allemagne lui fit défaut au moment où elle s'y attendait le moins. Enfin, on se décida aux grands remèdes, les seuls qui sauvent des grands maux.

Il fut donc arrêté qu'on prierait les Turcs de repasser en Asie. D'ailleurs, on les dédommagea assez largement pour qu'ils n'eussent pas à regretter leurs précaires possessions d'Europe, qu'ils étaient constamment menacés de perdre par l'indépendance successive de chaque province.

Dans ces circonstances solennelles le divan se rassembla. L'un des membres prit la parole et s'exprima à peu près en ces termes, en faisant une courte invocation à Dieu et à son prophète :

« Il ne faut pas se faire d'illusions! le temps de quitter STAMBOUL est venu pour les vrais croyants. Toute résistance de notre part serait inutile, il faut donc se soumettre à la fatalité. Toute l'Europe demande notre départ, que pouvons-nous faire pour nous opposer à ce désir ? Rien. D'ailleurs, on nous offre des compensations en Asie.

« Les provinces du Caucase, dont la Russie nous a dépouillés, nous feront retour. De plus, une ligne droite, tracée de la mer Caspienne au golfe Persique, nous servira de limite à l'Orient. Tout ceci sera bien l'équivalent de ce que nous laisserons en Europe. Ensuite, l'Arabie, sur laquelle nous n'avons même pas une souveraineté nominale, sera obligée de reconnaître le sultan pour son souverain. Ainsi limité, notre empire sera le plus beau de la terre et un des plus puissants. Je serais donc d'avis d'accepter au plus vite ces offres de l'Europe. »

Après ce petit discours, il fut convenu, à la suite de quelques débats, qu'on ferait part aux puissances chrétiennes de l'acceptation de leur offre.

Quelques fanatiques voulurent s'opposer à cette décision, mais la force armée était là pour prêter un appui nécessaire en cette circonstance.

Tout fut donc stipulé, et les Turcs eurent CINQ ANNÉES pour effectuer leur déménagement. Et le sultan, qui possédait les villes saintes des chrétiens et des musulmans, s'engagea à protéger également les deux religions. On faisait même courir le bruit qu'il devait bientôt réformer son sérail et aller se faire baptiser dans le Jourdain, près de la nouvelle résidence des papes. Je te rapporte ce bruit sans pouvoir le garantir. Cependant, le doute est resté dans mon esprit et je ne serais pas étonné que cela arrivât un jour ou l'autre.

Tout était bien réglé pour la Turquie et avec des avantages réels pour cette puissance.

Restait le petit royaume grec dont on était assez embarrassé. Comme on tenait absolument à ne déposséder aucun souverain, il fut décidé qu'il serait créé un nouveau royaume hors de l'Europe pour celui-ci. Il en fut de même pour le prince des provinces moldo-valaques.

Le prince de Servie se contenta d'une indemnité et on lui éleva un monument dans la nouvelle capitale de l'empire en souvenir de son désintéressement.

Les choses ainsi réglées, l'empire délimité, il restait à trouver la capitale. La chose fut assez longue.

Quelques-uns voulaient qu'elle fût à Athènes, parce que, disaient-ils, un empire grec doit avoir une ville grecque pour capitale, et Athènes a l'avantage d'être déjà celle du petit royaume grec.

D'autres, en plus grand nombre, voulaient qu'on allât remplacer le gouvernement turc à Constantinople. Cette grande et belle ville, disaient ceux-ci, a une population de 7 à 800,000 âmes ; elle est située dans la plus belle position du monde ; il n'y a pas même à discuter sur le choix d'une capitale quand Byzance est là.

Mais les vrais politiques, ceux qui regardaient plus l'avenir que le passé, ne se tinrent pas pour battus. Ils répondirent qu'il s'agissait d'un empire nouveau, de peuples assez dissemblables à rapprocher, à fondre ensemble, et qu'il fallait une capitale qui ne fût ni grecque ni byzantine, ni roumaine, ni slave, ni hongroise ; qu'il fallait enfin une ville nouvelle pour un empire nouveau, et qu'ils auraient préféré une plaine nue, dans une belle situation intérieure, à Constantinople elle-même, et cet avis l'emporta pour le plus grand bien de l'empire naissant.

On chercha sur la carte, et il fut un moment question d'établir le siége du gouvernement sur le plateau que le Danube contourne aux *Portes de fer ;* mais on abandonna ce projet, peut-être à tort. Enfin tous les avis se réunirent sur Bellegrade. Sa position fut trouvée magnifique et la ville entière, comme Tolède, fut achetée en bloc. Les architectes taillèrent dedans comme, s'il n'avait rien existé. Aussi il sortit une merveille de leurs mains.

Sans doute cette merveille n'égalait pas Paris ou Rome, mais c'était cependant une ville magnifique et qui devait atteindre à deux millions d'habitants quand l'empire en aurait soixante.

Voilà, mon cher Jean, comment j'ai vu l'Autriche et l'empire grec.

DE L'EMPIRE POLONAIS.

La Pologne, relevée depuis longtemps de tous ses malheurs, était grande, forte et glorieuse parmi les nations européennes. Ses limites étaient admirables et elle donnait ainsi le plus formel démenti à ses ennemis d'autrefois qui prétendaient qu'elle n'avait pas de frontières naturelles.

Du côté de l'Allemagne, nous avons vu la Sola, la Wartha et la Vistule, conduites en ligne directe depuis la source de la première de ces rivières jusqu'à l'embouchure de la dernière. Ici, l'art avait un peu suppléé à ce que la nature n'avait pas tracé d'une manière bien accentuée. Et, quand cet immense travail fut terminé, Polonais et Allemands, un peu brouillés jusque-là, vécurent dans la meilleure intelligence.

C'était donc ce canal international, une des merveilles du xxme SIÈCLE, qui avait le plus contribué à mettre les deux peuples d'accord. Par là, cette vérité fut reconnue : qu'on ne saurait vivre longtemps en paix avec son voisin s'il a constamment un pied chez nous. Ainsi avaient pensé l'Allemagne, la Pologne et toutes les autres nations de l'Europe. On disait alors : *Chacun chez soi, mais tous pour chacun,* car tous les peuples doivent être solidaires aussi bien que les individus.

Sur le bas Danube, nous avons vu qu'un travail à peu près semblable au précédent séparait là les deux empires comme ici. La Pologne n'avait jamais étendu ses frontières de ce côté, même dans sa plus grande puissance. Mais on avait jugé qu'il devait en être autrement dans la nouvelle organisation de l'Europe, où toutes les nations devaient s'équilibrer.

Si l'empire grec avait été jusqu'au bas Danube et qu'il eût pris, plus haut, le Sereth pour limite, il eût été trop fort et la Pologne trop faible. On voulait, d'ailleurs, donner une certaine prépondérance à celle-ci dans la mer Noire ; pour cela il fallait qu'elle eût une grande étendue de côtes. C'est pourquoi on y ajouta la Crimée et un canal dériva la moitié des eaux du Dniéper (qui avait, lui aussi, repris son ancien et beau nom de Borysthènes), dans la mer d'Azof, pendant que le fleuve servait de limite plus haut jusqu'à son point le plus rapproché de la Duna, qu'un nouveau canal mettait en communication avec le Borysthènes.

Ce canal et les deux fleuves avaient été creusés de manière que les plus gros vaisseaux pouvaient passer en tout temps de la mer Baltique dans la mer Noire. De la sorte les deux mers n'en faisaient presque qu'une seule.

Cette belle voie fluviale était d'ailleurs libre pour toutes les nations, aussi bien que tous les autres fleuves de l'Europe, et même du monde, car j'ai su plus tard que le progrès en toutes choses ne se bornait pas à notre continent.

Ainsi délimitée, la Pologne avait une double position maritime et continentale vraiment magnifique. Ses frontières étaient parfaitement déterminées partout. Là-dessus comme en beaucoup d'autres points elle n'avait rien à envier aux autres nations de l'Europe.

Quand ce peuple héroïqne fut délivré du joug qui pesait sur lui depuis si longtemps, il songea à se donner un chef qui prit alors le nom d'Empereur.

La nation avait un peu hésité sur le choix qu'elle devait faire. Tant de grands citoyens avaient rendu de si éminents services à la patrie qu'on fut sur le point d'en choisir un pour diriger les destinées de la nation. Mais, d'un autre côté, en agissant ainsi, on craignit de blesser les susceptibilités d'un assez grand nombre d'entre eux, qui auraient pu se croire des titres égaux à ceux de l'Empereur choisi.

On se décida donc à l'aller chercher ailleurs.

Il y avait en ce temps-là, sur le trône de Danemark, un roi aussi sage que le roi des Belges de nos jours; c'est sur lui que le choix de la nation s'arrêta.

Ce roi sans ambition, aussi instruit qu'il était sage, eut quelque peine à quitter son vaillant petit peuple danois. Mais comme il s'agissait d'un grand peuple à organiser, que ce peuple était venu le supplier d'accepter une charge que lui seul pouvait porter, il se décida enfin, et partit pour la Pologne.

C'est alors qu'on examina scrupuleusement la carte du nouvel empire. On reconnut de suite que la capitale était mal placée à Varsovie ; quelle était trop près de l'Allemagne ; que cette situation tendait sans cesse à pousser le peuble polonais sur le peuple allemand, et entretenait cette espèce d'inimitié que ceux-ci ont eu pour les Polonais jusqu'à présent, comme ces derniers, de leur côté, regardent le peuple moscovite comme leur plus grand ennemi, probablement par la même raison. On reconnut donc que la capitale devait être au milieu de l'empire même, et plutôt plus rapprochée du nord ou de l'est que du sud ou de l'ouest. N'était-ce pas toujours des deux premiers côtés que l'Europe, et surtout la Pologne, avaient constamment été envahis ? On chercha donc cet emplacement de capitale qui devait, à l'avenir, préserver l'empire de toute nouvelle invasion, selon l'opinion du souverain et de ses plus sages conseillers. Le choix s'arrêta, chose incroyable de nos jours, sur l'emplacement actuel des *marais de Pinsk*. Toutes les ressources de l'art furent employées pour les dessécher ; et, en peu de temps, il s'éleva, au milieu des marais disparus, une des plus belles villes du monde, sur le haut du plus grand fleuve de l'empire en communication directe avec la mer Noire et la Baltique.

L'empire était divisé en *cent départements*, dont ceux de France avaient servi de modèles. L'organisation administrative et judiciaire était, à fort peu de chose près, la même que dans notre pays. Il va sans dire que le système décimal, déjà adopté de nos jours par tant de nations, avait reçu là sa plus complète application.

Tout l'empire approchait de 50,000,000 d'habitants et devait encore augmenter. Le peuple de ce pays, un des plus brillants et des plus braves de l'Europe, était aussi un des plus instruits et des plus libres. L'instruction primaire était obligatoire pour tous. On ne trouvait point que c'était attenter à la liberté personnelle que de forcer les pères de famille d'envoyer leurs enfants à l'école, au lieu de les laisser vagabonder dans les rues ou dans les champs.

Quant à la capitale, dont j'ai oublié le nom, si elle n'atteignait pas encore *tout à fait* à 1,500,000 âmes, comme je te l'ai marqué sur cette carte, on pensait cependant qu'un empire renfermant 50,000,000 d'habitants pourrait bien avoir, par la suite, une capitale aussi peuplée.

La situation de cette ville n'était-elle pas admirablement bien choisie?

Elle était là tout à fait au centre, plus rapprochée de la frontière de l'Est, d'où le danger pourrait venir par la suite ; si toutefois il y avait encore quelque danger à craindre avec la nouvelle organisation de l'Europe.

Un admirable rayonnement de chemins de fer partait de ce point central et aboutissait à toutes les extrémités de l'empire. D'autres encore, de distance en distance, formaient une foule de cercles autour du territoire. Aucune contrée, en Europe, n'avait un système de voies ferrées aussi complet ni aussi droit que celui-ci.

Je quittai le cœur soulagé ce peuple que j'avais vu

tant souffrir autrefois ; et je pensais à ce fameux publiciste de nos jours qui avait inventé la plus étrange chose du monde : *La Pologne libre dans la Russie libre*.

Heureusement que sa voix n'avait aucun écho dans notre France dont le cœur battait à l'unisson de la victime pour laquelle elle eût voulu sacrifier jusqu'à la dernière goutte de son sang.

Enfin, la Pologne avait oublié tous les maux dont elle fut si injustement accablée autrefois. Elle était redevenue comme jadis le puissant boulevard de l'Europe méridionale et occidentale, et le monde pouvait marcher en toute sécurité vers un progrès indéfini. Mais il y avait un complément à ajouter pour que cette sécurité fût complète dans l'avenir comme elle paraissait l'être dans le présent.

DE L'EMPIRE DE CIRCASSIE.

Après le rétablissement de la Pologne, l'Europe eût pu vivre en paix pendant de longues années, peut-être pendant plusieurs siècles, en laissánt à la Pologne le soin de la garantir des invasions que la Russie pourrait tenter. Mais elle pensa avec raison que nos descendants nous reprocheraient un jour de n'avoir point complété la besogne pendant que nous étions en train et que nous avions tant de facilités pour le faire ; que nous avions une armée de près de deux millions d'hommes et que la Russie n'en compte à peine

que la moitié. On fit ces réflexions, et on se dit que cet
empire serait encore formidable avec la Pologne de
moins ; que, dans un temps donné, sa population euro-
péenne pourrait atteindre à 80 ou 90,000,000 d'âmes
au moins, sans compter les conquêtes qu'elle ferait
en Asie d'ici à un siècle seulement ; que se sentant forte,
et pouvant dominer par cet élément, elle ne songerait
nullement à instruire les peuples qu'elle pourrait conquérir et chercherait bien certainement à venger ses
défaites passées, puisqu'elle en aurait encore le moyen.

Tout aussitôt on se décida à ne rien laisser in-
complet. Et il fut résolu de créer un nouvel empire au sud de la Russie, auquel on donna le nom
de Circassie, faute d'un autre qui convienne mieux.
On avait voulu d'abord l'appeler empire d'Orient ; mais
on pensa que ces dénominations d'Orient et d'Occident
ne valaient rien, parce que ce qui est l'Orient pour
nous est l'Occident pour les Asiastiques, et le nom
de Circassie fut préféré.

Cet État, dans la pensée des fondateurs, devait à
jamais arrêter toutes les invasions qui tenteraient de
venir des hauts plateaux de l'Asie. De plus, il avait
pour mission de fixer les peuples nomades et à demi
sauvages qui couvrent la plus grande partie de ce
vaste territoire. Alors on chercha à qui on décernerait
cette nouvelle couronne impériale, et le roi des Belges
d'alors fut choisi d'un commun accord. Mais on pense
bien qu'il n'y eut pas là de choix de la part des peuples
de ces contrées. On ne jugea point les Cosaques, les
Kirghis, les Kalmouks et les Circassiens eux-mêmes

assez civilisés pour se choisir la forme de gouvernement qui leur plairait le mieux. Le nouveau souverain fut donc imposé à ces peuplades, auxquelles
cela était d'ailleurs assez indifférent.

Cependant on trouva bon de prévenir les chefs
circassiens du nouvel état de choses et ils se montrèrent
enchantés d'être délivrés de la Russie, à laquelle ils faisaient toujours la guerre la plus acharnée. Leur amour-
propre se trouva aussi très-flatté de ce que le nouvel
empire portait leur nom.. Tout aussitôt le pays fut
complétement pacifié. Lors de mon voyage, ces
vastes contrées avaient fait d'immenses progrès en
toutes choses; et si cet empire n'avait pas encore
60,000,000 d'habitants, peut-être était-il permis de
supposer qu'il les aurait un jour.

Sa capitale avait été fondée au centre de l'empire
à l'exemple de la Pologne, et devait, comme sa sœur
en date, former une grande agglomération. La lumière
qui s'échappait de ce nouveau foyer se répandait
déjà sur l'Asie, au grand avantage de la civilisation.

Deux canaux, l'un descendant du Volga, l'autre du
Don (qui avait repris son ancien nom de Tanaïs), se
croisaient au milieu de la ville, où ils formaient un
vaste lac avant de s'écouler de nouveau dans les deux
fleuves respectifs. Ainsi placée, et au moyen de ces
deux canaux, la capitale pouvait recevoir tout le commerce de la Russie par le haut Volga, celui de la mer
Caspienne et de l'Inde par le bas ; par le haut Tanaïs, les
produits de l'occident de l'empire, et par le bas, les nom-
breux émigrants que toute l'Europe lui envoyait. Déjà les

colons formaient une population de plusieurs millions, car les courants s'étaient un peu divisés, l'Amérique et l'Océanie ne recevant plus que la moitié de ce qu'elles recevaient autrefois. L'autre moitié venait dans ce nouvel empire, où elle était attirée par toutes sortes d'encouragements que le souverain lui prodiguait. C'est alors seulement, quand cet empire fut fondé, que l'Europe put renvoyer ses soldats et exécuter les grands travaux dont je ne t'ai montré qu'un faible échantillon. Jusque-là, on avait bien parlé de paix, bien crié contre *le fléau des armées permanentes* qui dévorent le plus clair des revenus des peuples, mais tout cela avait été fleurs d'éloquence perdues. En effet, comment désarmer devant les ONZE CENT MILLE SOLDATS DE LA RUSSIE? Comment désarmer quand aucune des autres nations n'est dans ses limites naturelles? Comment désarmer quand toutes réclament ces limites pour elles-mêmes et les refusent à leurs voisins? Las de souffrir ainsi des maux qui paraissaient sans remède, on se décida à faire pour l'Europe ce que la France avait fait pour elle-même, après son immortelle ÉVOLUTION DE 89, en divisant son territoire en portions à peu près égales. Toutefois, on procéda pour l'Europe en sens inverse de ce que la France avait fait pour son territoire, et on eut raison dans les deux cas.

Là on s'était surtout attaché à faire disparaître les anciennes divisions des provinces, on n'avait eu aucun égard aux montagnes ou aux rivières. Ici, au contraire, on prit les grandes divisions de la nature pour bases, qui, fort heureusement, renferment, à une ou deux exceptions près, chacune une grande nation. Cette division ne les cloîtrait point chez elles, comme quelques-uns voulurent l'insinuer ; mais, en les logeant toutes dans la même maison qui est l'Europe, ou la terre si l'on veut, on trouva juste de leur donner à chacune les clefs de leur logement, qui sont les frontières naturelles, leur permettant d'ailleurs de verser le trop-plein de leur population sur celles qui en manquaient ou qui en manqueraient à l'avenir.

De la sorte, si une nation disparaissait de la terre, ce ne serait pas par le massacre comme la Russie avait tenté de le faire pour la Pologne, mais par le manque de fécondité de cette nation.

DE L'EMPIRE RUSSE.

Dans ces limites restreintes il était encore l'État le plus vaste de l'Europe. Sa population pouvait s'élever à 30,000,000 d'habitants, sans compter la Sibérie, qui en avait 10 et qui progressait tous les jours malgré son affreux climat.

A voir cet empire comme je le vis *au siècle prochain*, on n'aurait jamais dit qu'il avait été un siècle auparavant la terreur de l'Europe entière.

Le gouvernement russe *du siècle précédent*, après une lutte désespérée contre la Pologne et une grande partie de l'Europe, manquant de toutes les ressources de la guerre, avait été obligé d'accepter la paix. Les nations européennes , s'apercevant enfin du danger qu'elles avaient couru par la résistance de cet empire, qui n'était pas aux pieds d'argile, comme quelques-uns le prétendaient , lui imposèrent des conditions telles qu'il ne pouvait plus troubler leur repos. Cependant, ces conditions n'étaient pas une représaille de son affreuse barbarie en Pologne. Dans la nouvelle organisation de l'Europe , on voulut faire une œuvre de justice et non de rancune. On voulut, enfin, placer chaque peuple dans les conditions d'UNE PAIX DURABLE. Pour cela, il fallait que ceux du centre fussent plus forts que ceux des extrémités, mais surtout que ceux du Nord, et on dirait que *la nature elle-même* a arrangé les choses pour qu'il en soit ainsi. Pour s'en convaincre, il n'y a qu'à regarder la configuration de notre continent et même de tous les autres.

On ne voulut point ôter à la Russie ses provinces de la Baltique, parce qu'on jugea avec raison que quelques ports sur cette mer lui étaient indispensables pour faire son commerce extérieur de ce côté, pendant que le Volga lui servait pour le faire avec l'Asie méridionàle. Ainsi donc, malgré la réduction considérable de son territoire, la Russie était encore une grande et forte puissance. Elle ne craignait aucune nation voisine , prise individuellement. Au besoin, elle eût pu résister à deux à la fois ; mais elle était trop faible pour attaquer, et c'est ce but qu'on avait voulu atteindre.

A l'exemple de plusieurs autres Etats, elle avait transféré le siége du gouvernement au centre de l'empire, à Nijni-Novgorod. Cette ville, ancienne capitale avant

Moscou, est dans une situation magnifique. Bien que sa population ne soit aujourd'hui que de 30 à 40,000 âmes, elle en eut bientôt 200, puis 500,000. Enfin elle atteignait presque à un million *au siècle prochain*. Elle faisait un commerce immense avec ses chemins de fer et le Volga. Des bateaux de tous genres couvraient ce grand fleuve de son embouchure jusqu'à sa source. Enfin cet empire me parut dans une grande prospérité, et tous les progrès paraissaient avoir pénétré chez lui ; je crois qu'il ne regrettait pas beaucoup son ancienne puissance. Et l'empereur *de ce temps-là* ne songeait guère aux conquêtes, mais il paraissait appliquer tous ses soins à l'instruction de son peuple et à élever le niveau de son intelligence.

De servage il n'y en avait plus trace nulle part.

La Sibérie, qui atteignait déjà 10,000,000 d'habitants, comme je viens de te le dire, ne paraissait pas vouloir s'arrêter là.

Quelques colons étaient partis du centre de l'Europe, attirés qu'ils étaient par les offres brillantes du gouvernement russe.

Ainsi le flot dévastateur qui s'était si souvent répandu de l'Asie sur l'Europe remontait enfin à sa source, non en dévastant tout sur son passage comme en descendant, mais en fécondant.

Désormais, c'était à la barbarie de reculer devant la civilisation.

DE L'EMPIRE SCANDINAVE.

La Suède, ayant contribué plus qu'une autre nation à la délivrance de la Pologne, recouvra la Finlande à la paix générale qui suivit. Puis, le roi de Danemark, ayant été élu empereur de Pologne, les Danois, conseillés par leur sage roi, se réunirent à la Suède. De la sorte, la Scandinavie se trouva constituée et ne forma plus qu'une seule et grande famille, comme après le traité de Calmar. C'est alors qu'elle put céder le Lauenbourg et le Holstein à l'Allemagne.

L'empire scandinave, malgré son étendue, était le plus faible de l'Europe comme population. Mais sa belle situation géographique, l'immense étendue de ses côtes en faisaient l'État maritime le plus puissant après l'empire britannique.

Sa population s'élevait alors à 15,000,000 d'âmes environ, et Stockholm, la capitale, en comptait près d'un million. Ses usines étaient innombrables et son commerce avait une activité extraordinaire. Étant délivrée du cauchemar russe qui l'obsédait jadis, elle pouvait se livrer en paix à tout ce qui fait une nation grande et prospère ; l'instruction du peuple, déjà si avancée de nos jours et si universellement répandue partout alors, me parut encore dépasser ici le niveau général.

DE L'EMPIRE BRITANNIQUE.

L'Angleterre était devenue la jeune Angleterre. La vieille aristocratie de ce pays ayant abusé de son pouvoir pour tromper le peuple anglais lors de la guerre de Pologne, ce pouvoir, dont elle s'était si mal servie, lui fut retiré à la première occasion qui se présenta. Cette aristocratie avait dit entre autres choses qu'elle parlerait tant qu'on voudrait, mais que là se bornerait son intervention en faveur de la Pologne. Le peuple anglais, indigné d'une telle bassesse de langage qui déshonorerait le dernier des hommes, vengea son honneur outragé par le mépris public qu'il afficha pour ceux qui avaient osé parler ainsi en son nom.

Il était toujours ce grand peuple anglais qui regarde l'Angleterre comme la première nation du monde. Sans partager complétement son avis, nous pouvons dire qu'elle est loin d'en être la dernière ; mais, hélas ! son gouvernement ne lui ressemble pas. Ce peuple avait toujours ses immenses colonies, et ses navires innombrables couvraient toujours les mers.

Sa bonne intelligence avec les autres nations, mais surtout avec la France, ne s'était pas altérée depuis qu'il avait pris le pouvoir en main.

Les deux grands peuples de l'occident de l'Europe apprenaient de plus en plus à mieux se connaître, et leur ancienne rivalité était devenue de l'émulation, pour le plus grand avantage du monde entier. Son empereur et le nôtre étaient particulièrement amis, et cela, on peut en être certain, ne nuisait en rien au bonheur et aux intérêts des deux nations.

DE LA FUTURE CAPITALE DE L'EUROPE

et de la **COUR DES PAIRS**.

Lorsque je quittai l'Angleterre, que je traversai la France, je me crus tout d'abord au terme de mon voyage ; je me trompais, car aussitôt je fus transporté à *Vienne.* Là, je trouvai une assemblée de cent personnes de toutes les nations de l'Europe, réunies dans un palais comme je n'en avais pas encore vu. J'appris que cette réunion imposante se nommait COUR DES PAIRS.

Chacune des dix nations de l'Europe envoyait là *dix Pairs. Ces Pairs* étaient nommés pour dix ans et absolument de la même manière chez toutes les nations. Ils siégeaient chaque année pendant trois mois. Et si le monde vivait enfin dans une paix profonde, c'est à eux qu'on le devait.

Si des travaux innombrables et impossibles de nos jours avaient pu être entrepris partout ; si l'instruction était répandue à profusion dans toutes les classes de la société ; si enfin l'homme marchait de plus en plus dans

la voie du bien et arrivait à une perfection dont nous
n'avons de nos jours qu'une idée imparfaite, c'était grâce
à la haute sagesse de cette assemblée.

Je ne vis pas sa première réunion, mais j'ai su que
c'était elle qui avait le plus contribué à diviser l'Europe
comme tu la vois sur cette carte, et qui avait fait la constitution générale.

Elle prit pour base les grandes divisions géographi-
ques, correspondant d'ailleurs, à deux exceptions près,
à autant de grandes nationalités ; réunissant les moin-
dres en une espèce de confédération particulière, mais
cherchant autant que possible à les fusionner, comme
pour l'empire grec. Il ne fut donc disposé arbitraire-
ment d'aucune nationalité, si petite qu'elle fût ; nous
en avons vu un exemple pour la république de Saint-
Marin, à laquelle on avait fait la plaisanterie de vouloir
l'entourer de murailles.

Je t'ai dit, et je puis le répéter, qu'on avait bien crié
contre les armées innombrables de l'Europe, qui man-
gent le plus clair du revenu des nations, mais que tous
les discours et les combinaisons imaginés étaient de l'é-
loquence perdue, si on ne mettait d'abord chaque
grande nationalité dans ses limites naturelles, en faisant
reculer celles qui s'étaient trop avancées.

La *Cour des Pairs de l'Europe*, seule, put apporter
un remède efficace à l'état de souffrance et de malaise
dont nous étions affligés.

Cependant elle n'abolit point entièrement les armées
comme quelques-uns l'auraient voulu ; mais elle décida
que l'Europe entière n'aurait désormais que cinq cent

mille hommes constamment sous les armes, cinquante mille par chaque État.

Et, qu'on le note bien, ceci ne fut point une *tolérance*, mais une *obligation* faite à chacun des États ; car plusieurs se seraient fort bien tenus au-dessous de ce chiffre s'ils n'avaient été imposés. En effet, ce n'était plus là qu'une armée de luxe, car il n'y avait nul danger d'être attaqué par qui que ce soit en Europe.

Les deux Amériques, de leur côté, venaient d'adopter une constitution calquée sur celle de notre continent.

L'Asie s'apprêtait également à se créer une capitale, poussée qu'elle était dans cette voie par l'Europe et l'Amérique. Quelques pays de l'Afrique et de l'Océanie étaient également sur le point d'en faire autant.

Avec les armées permanentes de moins, le dur impôt de la conscription, si indispensable de nos jours, put enfin être aboli.

Quant à l'ordre intérieur, comment aurait-il été troublé ? Les lois n'étaient-elles pas l'œuvre de tous ? Tous étaient intéressés à leur maintien et à leur respect, et la liberté était garantie par la constitution générale.

DE LA FUTURE CAPITALE DU MONDE

et de la COUR DES PATRIARCHES.

La *Cour des Pairs*, voyant que le monde allait si vite

sous l'impulsion qu'elle lui avait donnée se décida à chercher sur notre planète l'emplacement le plus convenable pour réunir une assemblée générale de la terre entière. On allait donc créer une capitale du *Monde*.

Quelle ville serait assez fortunée pour attirer l'attention sur elle et obtenir la préférence ? Vienne fut écartée tout d'abord.

Cette ville, étant déjà la capitale politique de l'Europe, ne pouvait être en même temps celle du monde, car on voulait, avant tout, une justice distributive.

On examina tour à tour Constantinople, Alexandrie, Rome, Paris, et même Panama ; tous ces points furent écartés pour différentes raisons. Cependant Paris tentait beaucoup. Cette grande ville, la plus belle merveille du monde, semblait être le lieu qui devait être choisi ; mais il en fut autrement.

On se dit que Paris était déjà la capitale du *monde intellectuel*, et que c'était assez pour la gloire d'une ville. Et puis, on fit cette réflexion, que si on choisissait Paris, cela exciterait la jalousie de quelques autres villes et même de plus d'une nation ; que, d'ailleurs, Paris et la France avaient assez d'avantages naturels ou acquis, sans leur en donner de nouveaux.

Paris dut se contenter d'être la plus belle ville de la terre ; d'être le rendez-vous de toutes les gloires ; d'être admirée du monde entier, mais non jalousée et enviée ; Paris n'eut pas lieu de se repentir, il était aimé de tous et n'avait point de rival.

Après avoir écarté toutes les villes ci-dessus, on finit

par faire choix de Lisbonne et ce choix fut approuvé de tout le monde.

Qu'on examine un peu la boule terrestre, et on reconnaîtra de suite qu'il n'est aucune ville où on puisse arriver de tous les points du globe plus facilement.

Elle est à égale distance des deux Amériques, au bout de notre continent, qui n'est qu'une continuation de celui d'Asie. Elle touche à l'Afrique. Elle est aussi près de l'Océanie que les villes qu'on avait examinées d'abord. Tout se réunissait donc en sa faveur et elle l'emporta sans peine, à la satisfaction de toutes les nations.

Comme Vienne, elle fut déclarée ville libre, avec un tout petit territoire environnant, comme cette ville en avait un elle-même. Et quand je me trouvai dans ses murs, les envoyés de presque toutes les nations de la terre étaient là, réunis au nombre de 120.

20 pour l'Europe.
20 pour l'Amérique du Nord.
20 pour l'Amérique du Sud.
20 pour l'Océanie.
20 pour l'Asie.
20 pour l'Afrique.

Je puis dire qu'il est impossible de se figurer une assemblée plus imposante.

Ces sages, qui semblaient autant de souverains, étaient nommés à vie. Ils devaient faire la *Constitution générale du Monde*. On leur avait donné individuellement le nom de *Patriarches*, et leur réunion : Cour des

PATRIARCHES. Ils venaient de se réunir pour la première fois, et tout paraissait en fête dans la ville. J'entendis le bruit du canon qui annonçait cette première solennité. Toutes les cloches carillonnaient. Des musiques innombrables se faisaient entendre partout, pendant qu'une foule immense, venue des contrées les plus éloignées de la terre, envoyait ses concerts d'allégresse jusqu'au ciel.

C'est alors que je me réveillai de cette espèce de léthargie où je crus voir tout ce qui se passera d'ici à un siècle.

FIN.

Paris, impr. de Paul Dupont, rue de Grenelle-Saint-Honoré, 45. (3912)

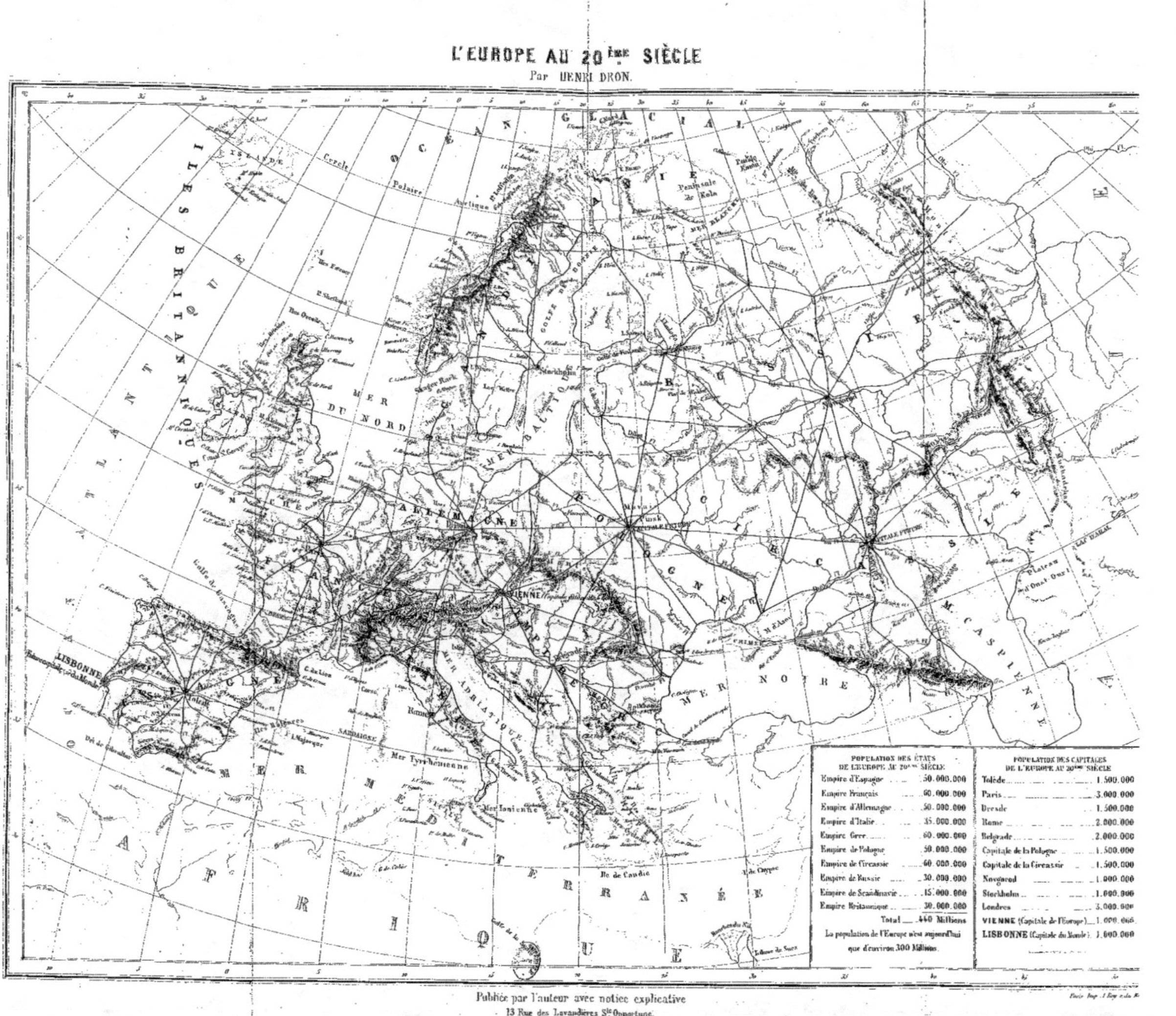

L'EUROPE AU 20ième SIÈCLE
Par HENRI DRON.

POPULATION DES ÉTATS
DE L'EUROPE AU 20ième SIÈCLE:
Empire d'Espagne 50.000.000
Empire Français 60.000.000
Empire d'Allemagne 50.000.000
Empire d'Italie 35.000.000
Empire Grec 60.000.000
Empire de Pologne 50.000.000
Empire de Circassie 60.000.000
Empire de Russie 30.000.000
Empire de Scandinavie 15.000.000
Empire Britannique 30.000.000
Total ...... 440 Millions
La population de l'Europe n'est aujourd'hui
que d'environ 300 Millions.

POPULATION DES CAPITALES
DE L'EUROPE AU 20ième SIÈCLE
Tolède 1.500.000
Paris 3.000.000
Dresde 1.500.000
Rome 2.000.000
Belgrade 2.000.000
Capitale de la Pologne 1.500.000
Capitale de la Circassie 1.500.000
Novgorod 1.000.000
Stockholm 1.000.000
Londres 3.000.000
VIENNE (Capitale de l'Europe) 1.000.000
LISBONNE (Capitale du Monde) 1.000.000

Publiée par l'auteur avec notice explicative
13 Rue des Lavandières St Opportune.
PARIS - 1863.

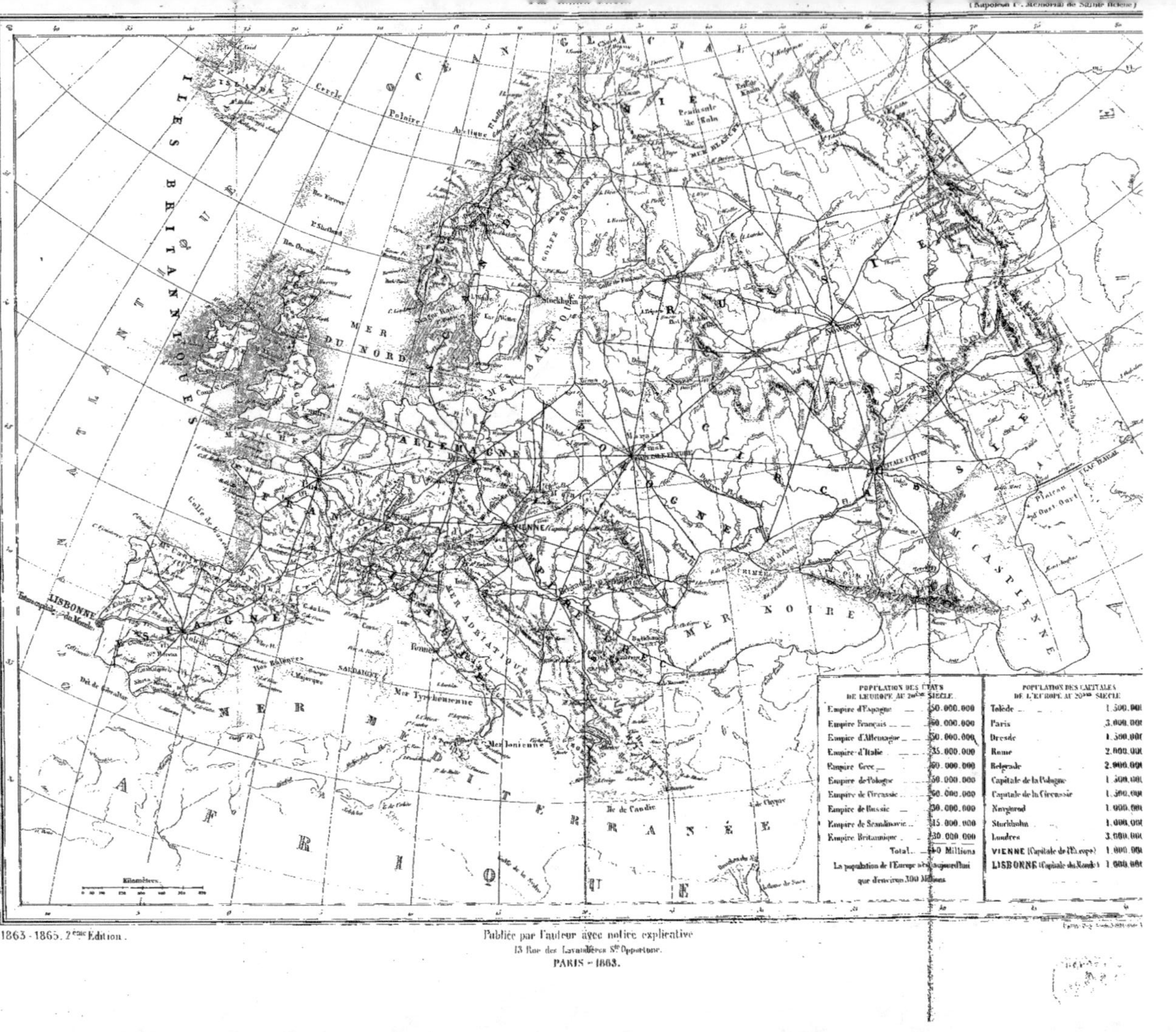
(Napoléon Ier . Mémorial de Sainte Hélène)
OCÉAN GLACIAL
ILES BRITANNIQUES
OCÉAN ATLANTIQUE
MER DU NORD
MER BALTIQUE
ALLEMAGNE
SCANDINAVIE
RUSSIE
POLOGNE
CIRCASSIE
FRANCE
ESPAGNE
LISBONNE
ITALIE
MER ADRIATIQUE
MER TYRRHÉNIENNE
MER IONIENNE
SARDAIGNE
MER MÉDITERRANÉE
MER NOIRE
MER CASPIENNE
VIENNE
Stockholm
Cercle Polaire Arctique
Ile de Candie
Ile de Chypre
Kilomètres.

POPULATION DES ÉTATS DE L'EUROPE AU 20ème SIÈCLE.
Empire d'Espagne — 50.000.000
Empire Français — 60.000.000
Empire d'Allemagne — 50.000.000
Empire d'Italie — 35.000.000
Empire Grec — 60.000.000
Empire de Pologne — 50.000.000
Empire de Circassie — 60.000.000
Empire de Russie — 30.000.000
Empire de Scandinavie — 15.000.000
Empire Britannique — 30.000.000
Total.. — 440 Millions
La population de l'Europe n'est aujourd'hui que d'environ 300 Millions.

POPULATION DES CAPITALES DE L'EUROPE AU 20ème SIÈCLE
Tolède — 1.500.000
Paris — 3.000.000
Dresde — 1.500.000
Rome — 2.000.000
Belgrade — 2.900.000
Capitale de la Pologne — 1.500.000
Capitale de la Circassie — 1.500.000
Novgorod — 1.000.000
Stockholm — 1.000.000
Londres — 3.000.000
VIENNE (Capitale de l'Europe) — 1.000.000
LISBONNE (Capitale du Monde) — 1.000.000

1863 - 1865. 2ème Édition.
Publiée par l'auteur avec notice explicative
13 Rue des Lavandières Ste Opportune.
PARIS - 1863.